行動する人に世界は優しい
自分の可能性を解き放つ言葉　目次

第 **1** 章

初動の
スイッチを押せ

００１　行動する人に世界は優しい ………………………… 19

００２　悩むことはできること ………………………… 20

００３　傍観者より敗北者 ………………………… 21

００４　「ワクワク」をスタートにする ………………………… 22

００５　リスクはチャンス ………………………… 23

００６　人生は長期戦じゃない ………………………… 24

００７　早く正直になる ………………………… 25

００８　世界の力を借りる方法 ………………………… 26

００９　新しいことがうまくいくサイン ………………………… 27

０１０　誰もがハマる罠 ………………………… 28

０１１　初動のスイッチが９割 ………………………… 29

012 ひらめきが降りてこない場合は …………… 30

013 始めるために辞める ………………………… 31

014 忘却力と突破口 ……………………………… 32

015 やる気が出ないときは、
    とりあえず一番大切なことだけやる ………… 33

016 大勝ちを狙うなら …………………………… 34

017 試行錯誤の積み重ねが近道 ………………… 35

018 合理性だけを求めても
    うまくいかない ……………………………… 36

019 現実世界を使い倒せ ………………………… 37

020 時間の進み方を決めているのは自分 ……… 38

021 悲観と楽観のバランス ……………………… 39

022 世の中のはじっこで
    変化の波を捉える …………………………… 40

023 腐らなければ復活できる …………………… 41

024 「がんばる」よりも「楽しむ」………………… 42

025 自分が動けば
    止まっている人は見えなくなる ……………… 43

026 行動が不安を解消してくれる ……………… 44

027 「できるけどやらない」は「できない」 …………… 45

028 郷の外で始めろ ………………………… 46

029 始める根拠は無くてもいい ……………… 47

030 「どうせ」の呪いを祓う ………………… 48

031 健全な軽薄さ ………………………… 49

032 「ちょっと無理そう」を目標に ……………………… 50

033 時間は増やせない資産だから ……………… 51

034 思考の柔軟性は行動量次第 ……………… 52

035 誰よりも早く気付いて動けるか ……………… 53

036 未来への「仕込み」………………… 54

第 2 章

変 わ る 勇 気

037 他人を変えるより自分を変える ………………… 57

038 変わる勇気 …………………… 58

039 今いる場所より未来の可能性を選ぶ ………… 59

040 言葉が人生を作る …………………… 60

041 方向性に迷ったら …………………… 61

042 本当の「強み」の見つけ方 …………………………… 62

043 認識のアップデートが必要な時期 ………… 63

044 旅するように日常を生きる ………………………… 64

045 停滞の予兆 ……………………………………………… 65

046 うまくいってないときの考え方 ………………… 66

047 他人の課題は自分の課題 ……………………… 67

048 自分の強みを受け入れる ……………………… 68

049 執着を手放して理解できるもの ……………… 69

050 自分の目的を思い出すための質問 ………… 70

051 弱みは強み ……………………………………………… 71

052 本当に自分らしいことの探し方 ……………… 72

053 焦燥感と劣等感は
成長しているサイン ……………………………… 73

054 自分がつまらない人間に
なっていないか把握する方法 ……………… 74

055 大事なテーマを先送りしない ………………… 75

056 他人の失敗を笑う損失 ………………………… 76

057 セルフイメージの「賞味期限」………………… 77

058 「絶対やらないことリスト」を
あえて実行してみる …………………………… 78

059 質問しまくる人こそ成長する ………………… 79

060 慣れない環境で
「感情」の出番を増やす …………………………… 80

061 変化に強いのはズレている人 ………………… 81

062 孤独はボーナスタイム ………………………… 82

063 関わりたい人と関わるために ………………… 83

064 身を置く場所を間違えるな …………………… 84

065 勉強で悪い流れを断ち切る …………………… 85

066 持たざる者の活路 ……………………………… 86

067 興味はあるけど
恐いと思っていることを優先する ……………… 87

068 自分への期待値を捨て去る …………………… 88

069 できる人に近づくと
できる人になっていく …………………………… 89

070 情熱という強み ………………………………… 90

071 長期でうまくいくためのコツ ………………… 91

072 続けられることの3つのポイント …………… 92

073 「正しいか」より
「熱中できるか」を最優先する …………………… 93

074 過小評価の効能 ………………………… 94

075 自分より優秀な若手に学ぶ ……………… 95

076 透明人間になるな ……………………… 96

077 未来を楽しむコツ ……………………… 97

078 「改善」を歯磨きのように習慣化する ………… 98

079 聞くべき立場の人ほど話したがる …………… 99

080 世の中をどう見るかに「自分」が映る ………… 100

081 正しい努力 ……………………………… 101

第 3 章

チャンスの窓に
飛び込め

082 チャンスに育ててもらう …………………… 105

083 バカの前にチャンスの窓は開く ……………… 106

084 時間のポートフォリオを組む ……………… 107

085 無知な人には永遠にチャンスがある ………… 108

086 どん底まで下がりきると
　　 勝手に上がる …………………………… 109

087 本当に失うのを恐れているのは何か ………… 110

088 「確実にうまくいきそうなもの」の罠 ………… 111

089 競争ではなく創造に振り切れ ……………… 112

090 不利な状況を自分の力に変えるには ………… 113

091 やる気格差 ………………………………… 114

092 恥をかけなくなったら終わり ……………… 115

093 思考力を何に投資するか …………………… 116

094 良い流れ・悪い流れ ………………………… 117

095 白い目で見られているうちがチャンス ……… 118

096 停滞感を追い払うリスト …………………… 119

097 競争力の本質 ……………………………… 120

098 次のステージへ進むための「諦め」…………… 121

099 凡人に奇跡は起きない ……………………… 122

100 最後まで残れば勝てる ……………………… 123

101 勢いに巻き込まれろ ………………………… 124

102 「作業」で忙しくなってはいけない …………… 125

103 助けてもらえる人 ………………………… 126

104 意思決定は「部外者意識」で ……………… 127

105 知識のバイアス ………………………… 128

106 自分ができないからといって ………… 129

107 お金の暗示にかかってはいけない ……… 130

108 衰退に至る道のり ……………………… 131

109 不条理は進化の材料 …………………… 132

110 物議を醸しているうちが華 …………… 133

111 成功者は失敗のプロ …………………… 134

第 4 章

メンタルは
目にするもので
出来ている

112 精神を整えるには空間から ……………… 137

113 「未完了なタスク」が
エネルギーを奪う ……………………… 138

114 デジタルどっぷりでも心のバランスを
保つためにやってるルーティン ………… 139

115	よく寝て「濃い時間」を過ごす	140
116	最強のヒット戦略	141
117	感性を殺さないために	142
118	未知を愛する力	143
119	アウェイで感性を研ぎ澄ます	144
120	ツッコミの余地のあるコンテンツ	145
121	最も遠い人とコラボする	146
122	意思やアイディアを 口に出すのが大事	147
123	対面では聞き役に、 SNSでは発信側に	148
124	「分からない人」にこそ開いていく	149
125	好きなもの「以外」を研究する	150
126	情報を「知恵」に変えるには	151
127	メンタルは目にするもので出来ている	152
128	1日の自由時間を2〜5時間はつくる	153
129	体調を整えると「いい奴」になれる	154
130	時間を大切にすると メンタルが安定する	155

131	アイディアの浮かぶ場所 …………………… 156
132	許すことで前に進める …………………… 157
133	エネルギーを奪う三大要素 ……………… 158
134	内面を変えるには外見から ……………… 159
135	集中しすぎない ………………………… 160
136	負の感情が教えてくれること ………… 161
137	想像力や思考力の正体 ………………… 162
138	居場所＝逃げ場を増やす ……………… 163
139	アップデートのために 心の容量をあける ………………………… 164
140	「寛容」であるための秘訣 ……………… 165
141	「なんか嫌な感じ」を無視しない ……… 166
142	自分に「有るもの」を数える …………… 167
143	願望で世界を見渡してはいけない …… 168
144	忙しいときには 精神の使い道にも優先順位を …………… 169
145	調子が良いときに仕込みをしておく ……… 170
146	それは他人の願望かもしれない ……… 171
147	心にミュート機能を搭載しよう ………… 172

148 当事者としてのイメトレ ………… 173

149 行動は嘘をつき続けられない ………… 174

第 5 章

運 は 伝 染 する

150 一歩引く視点 ………… 177

151 善意の容量 ………… 178

152 運は縁が運んでくる ………… 179

153 自分に価値を感じてくれる環境 ………… 180

154 人脈や見栄は無駄 ………… 181

155 「他人のため」は自分のために ………… 182

156 相手の人生で発言を判断する ………… 183

157 「線」で見てくれる人を大切に ………… 184

158 「信じてる」の意味 ………… 185

159 熱量を密閉する ………… 186

160 人間性は
「優位に立っている」時に出る ………… 187

161 周りにいる人の平均こそが自分 ………… 188

162	謙虚さは保険	189
163	誤解と甘えが裏切りを呼ぶ	190
164	「やさしい嘘」より「きびしい真実」	191
165	「夢を笑わない人」が自分の味方	192
166	正しい方向に進んでいるサイン	193
167	他人に与える側でいる	194
168	価値のない時間を使った反省をする	195
169	嫌いな人の話はあえて肯定する	196
170	1割の人には必ず嫌われる	197
171	「閉所恐怖症」であれ	198
172	他人思考と自分思考を併せ持つ	199
173	最も無駄な時間	200
174	リーダーの素質	201
175	価値の提供は等価交換	202
176	さっさと影響を受けてしまう	203
177	覚悟を持つ	204

ブックデザイン　三森健太（JUNGLE）

行動する人に世界は優しい

初動のスイッチを押せ

001-036

1

001

行動する人に
世界は優しい

「考えてた」という人は無数にいるけど
本当にやる人は1％もいない、という話は
統計的にも事実なんだなと、
あるデータを大量に見続けていて思った。
逆に言えば、本当に動く人には
この世界はけっこうやさしいという
ことでもある。

悩むことは
できること

できるかできないかを悩むようなことは、
既にできることの射程圏内に入ってる。
本当にできないことは想像すらしない。

第 1 章　初動のスイッチを押せ

003

傍観者より
敗北者

死ぬまで永遠の傍観者よりは、
挑戦して負けた敗北者のほうが全然いい。
傍観者は自分の人生を
スタートすらしていないのだから。
他人の舞台を見ているだけで
自ら動かなければ何も始まらない。

「ワクワク」を
スタートにする

ワクワクするかどうかの視点は
何かに取り組む際は大事だな。
周りから怪訝な顔をされても
世の中が騒がしくなっても、
変わらず深掘りを続けられる。
365日続けられるとさすがに成果は出るし、
成果が出れば楽しくなって
さらに続けられるループに入る。
起点は興味のある事に尽きる。

005

リスクはチャンス

実現が難しいとされてる事も、
実際は誰も本気でやろうとは
してない場合って多い。
全員が「誰かやってくれる」と考えてて、
自分ではリスクを取りたくない場合は
チャンスがある。
やれば良いだけ。

人生は
長期戦じゃない

人生を限界まで分解していくと
「命≒時間」となり、
時間の価値を認識してると
日々の意思決定は全く別のものになる。
人生80年の長期戦ってのは
数字が作る錯覚で、
主観的には
前半にほぼ偏ってることを知ってる人は
すぐに動き出すし、
万全の準備など
そこまで意味がないことに気付く。

早く
正直になる

本当にやりたいことから逃げ回っていても、
人生の残り時間が少なくなってきたら
必ずやることになる。
自分を騙すのは簡単で、
自分に正直であるのは難しい。
正直になるなら早いほうが良い。

世界の力を借りる方法

絶対に不可能だと笑われる目標も、
手を挙げて動き出せば
情報はどんどん集まってきて、
突破口が見えてくる。

先に目標を宣言することで
自分が知り得ない情報や人脈に
アクセスできるようになり、
独りでは辿り着けない場所まで運ばれる。

「世界の力を借りる方法」を身につけると
目標は叶えやすくなる。

第 1 章 初動のスイッチを押せ

009

新しいことが
うまくいくサイン

新しいことを始めてうまくいく時は、

①詳しい人から興味を持たれて、

②詳しくない人から批判されて、

③何も知らない人から支持される

のプロセスを経ることが多い。

②で落ち込んで辞めてしまう人が多いけど、

めげずに続けていると

③まで到達して景色が変わる。

①②は③に到着する前に必ず通る道。

誰もがハマる罠

今年なんども再認識させられたこと３つ。
誰もがハマる罠、来年も気をつけたい。

① 新しいことを学ばなくなり
過去の経験にぶら下がると「賞味期限」が切れる。

② 同じ人と同じ場所で同じ事を繰り返すと
人生は「縮小均衡」に向かう。

③ 立ち止まってると運が悪くなり
動き回ってると運が良くなる。

011

初動の
スイッチが9割

脳からすると
「やる気が出ないから動けない」というよりも
「動かないからやる気が出ない」ほうが
正しいように思う。
PCと同じで「起動」するのは時間かかるけど、
動き出してしまえば何とかなる。
初動のスイッチが9割。

ひらめきが
降りてこない
場合は

現在の目線で考え続けても
大抵ろくな答えは出ないな。
後で振り返ってみると、
手持ちのカードで帳尻を合わせようとした時が
最も時間の無駄だった。
ひらめきが降りてこない場合は
とりあえず動く。

第　1　章　　初動のスイッチを押せ

013

始めるために
辞める

「続ける力」と同じぐらい
「辞める力」も大事に思う。
ゴミを捨てずに放置しておくと
部屋が狭くなってくのと同じで、
意味を失ったことをダラダラ続けていると
新しいことを始める余力が生まれない。
「始める」ために「辞める」と考えると
意思決定しやすくなる。

忘却力と突破口

フォーカスの力ってすごい。
あれこれ色々なこと考えると
何も進まないけど、
ひとつのことだけに思考を集中して、
他のことを忘れると、
どんどん深掘りできて点が線になってく。
忙しい時ほど「忘却力」を身につけると
突破口が見つかる。

やる気が出ないときは、とりあえず一番大切なことだけやる

やる気が出ないときは
「一番大事なタスク以外は今日はやらない」
と決めると、とりあえず動き出せる。
動き出すと気分が乗ってきて、気がついたら
三番目のタスクまでこなせてる場合が多い。

大勝ちを狙うなら

価値の本質とは希少性だから、

その時点で「ありえない」と

多数から思われる手を打たないと、

本当に「あり得ない」。

大勝ちを狙う場合は、

その時点で少数派になることによる

孤立・嘲笑・不安という代償を

先払いしないといけない。

現在と未来の間のアービトラージを狙う時に

必ず求められる参加費。

第 1 章　初動のスイッチを押せ

試行錯誤の
積み重ねが近道

どこから手を出していいか
分からないような課題も、
毎日めげずに試行錯誤を繰り返してると、
少しずつ積み上げたものが絡み合って
一気に成長できることがある。
近道を探してその場しのぎをする癖をつけると
地道な改善をしなくなってしまうから、
結果的に遠回りになることも多い。

合理性だけを
求めても
うまくいかない

新しいことを始める時は
下記 3 点を満たしてるかを考えるようにしてる。

①強いやつと競わなくていいか？
②儲からなくてもやりたいか？
③長く続けられるか？

競争・意義・継続性の
どれか欠けていてもダメ。
人間は完全に合理的にはなれないので、
合理性だけを求めてもうまくいかない。

現実世界を
使い倒せ

世界は電源不要の
巨大なコンピューターのようなものなので、
自分の仮説が正しいか確かめたかったら、
現実世界に向けて実行してみれば良い。
答えは割とすぐ返ってくる。
無料で無限に使い倒せる。

時間の進み方を
決めているのは
自分

「時間の進み方」を決めてるのは
世界ではなく自分自身。
誰もが無意識に心地よいと感じるスピード感に
物事の展開をコントロールしてる。
10年後にやろうとしてた事を
今すぐ実行する事も本当は可能。

悲観と楽観の
バランス

短期目線で悲観的、
長期目線で楽観的がうまくいきやすい。
最悪なのは
短期目線で楽観的で甘いのに、
長期目線で悲観的な姿勢。
普通に考えて関わりたいと思う人は少ない。

世の中の
はじっこで
変化の波を捉える

世の中のメインストリームに居ると

次に起きる波を捉えられなくなるので、

中心に近づいてると感じたら

自分からはじっこに移動するぐらいがちょうど良い。

世の中に評価されて嚙み合ってる瞬間は、

世の中に追いつかれた瞬間でもあるので、

9割の人に意味不明と思われてる時のほうが

安心する。

023

腐らなければ
復活できる

最悪の状況でも「腐らない」の大事。
腐って動くのをやめてしまうと
復活の芽はなくなる。
迷走してても動き続けていれば
突破口は見つかる。
成果が出れば掌を返すから
途中の評価は気にしなくて良い。

「がんばる」よりも「楽しむ」

「責任感」で仕事してると
気力も体力も必要になりすぐ行き詰まる。
「遊び」の感覚で仕事してると
楽しいから長く続けられて成果も出しやすい。
「がんばる」よりも
「楽しむ」ほうが実は近道。

自分が動けば 止まっている人は 見えなくなる

自分から動いてどんどん変わっていくと、

同じ場所にいた人から

笑われたりするかもしれないが、

気にしなくていい。

少し経つと同じ場所に止まってる人は

見えなくなっていくし、

同じスピードで動いてる人とすぐに出会える。

止まってる人が気になるのは

自分が止まってる時。

行動が不安を
解消してくれる

将来への不安をかき消すためには、

じっと考え込んだりせずに

不完全でも動き続けるのが良い。

動き回っていれば

活路はいくらでも見つかるし、

止まってると

不安はさらに増大していくだけ。

「できるけど
やらない」は
「できない」

誰かの活動が注目されると
「こんなのがんばれば俺でもできる」
って言う人が現れるけど、
「できる」と「実際にやる」の違いを
軽視してるよな。
行動に移さない限り
可能性が価値に変わることはないはず。
「できるけどやらない」は
「できない」にカウントしたほうが
良いと思ってる派。

郷の外で始めろ

「郷に入れば郷に従え」を強要された場合は、
さっさと郷の外で始めるのが合理的。
情熱を持って何かに取り組める貴重な時間を、
不毛な摩擦で消耗するべきではない。
人生は短い。

始める根拠は
無くてもいい

新しく何かを始める時に
必ず根拠や証拠は?という話が出る。
ただ今当たり前になってる仕組みも
よくよく調べてみると根拠など無いことが多い。
それらは「なんとなく」で回ってる。
誰も疑わない程にある幻想が社会に浸透すると、
あたかも何千年も前から続いていた
真理であるかのようなフリをし始める。

「どうせ」の
呪いを祓う

やってみる前から

ネガティブなことしか想像できなくなると

衰退は始まってるんだろうな、企業も個人も。

「どうせ」の呪い。

何も知らないと取り敢えずやってみるということが

できる。知らないことの強み。

031

健全な軽薄さ

新しいものを作る人は、
チャンスが来たら斜に構えず手を出してみて、
違うなと思ったらすぐに手を引く
「健全な軽薄さ」も必要。
こだわりが強すぎるとフットワークが重くなって
チャンスをものにできないことがよくある。

「ちょっと無理そう」を目標に

現在の自分には「ちょっと無理そうなこと」
が目標としてはちょうど良い。
人は時間と共にレベルアップしてくので、
現在の自分にできそうな目標は
将来の自分には楽勝すぎる目標。
本当に無理なことは想像すらしないから
気にしなくていい。

033

時間は
増やせない資産
だから

「時間」を増やせない減っていく一方な「資産」
だと考えるようになって、
昔ならツッコミどころ満載のバグってる事案も、
最小限の時間消費でさっと流して
次に進めるようになっていることに驚いた。
お金でたとえれば、壊れている自動販売機に
お金を入れ続けることをしないのと同じだなこれは。

思考の
柔軟性は
行動量次第

行動しない人間ほど偏見や固定観念が多い。

やってみればすぐ分かることも、

自分では動かないので

思い込みが見直されることもない。

不思議な話だけど、

思考の柔軟性は行動量に依存してる。

誰よりも
早く気付いて
動けるか

よくよく論理的に考えるとその通りなんだけど、
社会常識や感情に邪魔されて
パッと見はそう感じられない事実に
誰よりも早く気付いて動けるかが大事なんだろうな。
過去になって「そりゃそうだよね」って言えても、
その頃には全てが遅すぎる。
ネットで物が売れるとか人が
繋がるとかお金を送れるとか。

未来への「仕込み」

周りが「どうしてそんなことしてるの?」って
首をかしげるようなことに
取り組めてないときは危うい。
周りが理解できることしかしてない時は
未来への「仕込み」をサボってるとき。

第 1 章　初動のスイッチを押せ

037-081

変わる勇気

2

他人を変えるより
自分を変える

他人を変えるよりも
自分が変わったほうが早いし、
自分を変える勇気すらない人に
他人を変える力があるかは疑わしい。
「自分は変わりたくないけど
他人には変わって欲しい」は
都合の良い願い。

変わる勇気

成長スピードが速い人は
「自分の弱さを受け入れられる強さ」を
持ってるように見える。変わる勇気がある。

逆に自分の弱さが受け入れられないと、
虚勢をはったり卑屈になったり
「現状のままの自分で他人に肯定してもらおう」
という態度が出る。

それは「自分は変わりたくない」って
意思表示でもある。

今いる場所より未来の可能性を選ぶ

人が変われないのは変わった時に
周りの人にどう思われるかの反応が
恐いからが大きい。
でも今近い人でも
これから一生付き合ってく人は少数だし、
自分が変わることで新しい人と出会うこともできる。
現在居るコミュニティでの評価よりも
未来の可能性を優先する時のほうが
人生は充実してる気がするなぁ。

言葉が人生を作る

「無理だね」「無駄だよ」が口癖の人よりは、
「あるかも」「考えてみる」って人に
先に面白い話を持ち込みたくなるのが人情。
人は普段使ってる言葉の通りの人生を
生きることになるんだろうな。

方向性に迷ったら

「残りの人生をどう生きるか？」と考えると、
人間は無意識に今までやってきた事との
整合性を取ろうとしてしまう。一方で
「生まれ変わったらどんな人間になりたいか？」
って考えると、発想が自由になって
自分の願望に正直になれる。
方向性に迷ったら
異世界転生した気分で考えてみるのオススメ。

本当の「強み」の見つけ方

本当の「強み」ほど自分では気づきにくい。
努力しなくても自然とうまくこなせるから、
他の人も当然できると錯覚してしまいがち。
「がんばってないのにうまくできること」を
見逃してはいけない。

認識の
アップデートが
必要な時期

〝順調〟だと感じてしまったら、
設定する課題があまりにも低い地点にあるか、
認識のアップデートが必要な頃かと焦る。

旅するように
日常を生きる

日常を「旅先に滞在してる」
と思うようにすると楽しく過ごせる。
旅先では人間関係を気にする必要はないし、
行ってみたい場所、食べておきたい物、
やってみたい事も全部やっておこうって気分になる。
人生も期限が来たら終わるって意味では
旅行と大差がない。

停滞の予兆

経験則として
「新しいことを学ばなくなる」のは
「停滞」の予兆だったりする。
過去の自分にあぐらをかいて
「知識の貯金」を切り崩して生きるので、
そのうち首が回らなくなる。

うまくいってない
ときの考え方

うまくいってないときは

根っこの「考え方」が間違ってる可能性が高く、

間違った考えで「正しいか間違ってるか」を

判断するのでさらに間違う。

色メガネをかけて色を当てるようなもの。

他人の課題は
自分の課題

周りの人に「課題」を感じる時って、
それは自分の課題そのものだったりする。
似たような人同士が一緒にいるので、
自分が周りの人に感じてる課題は、
世の中の人が自分に感じてる課題に近い。

自分の強みを
受け入れる

「自分の弱さを受け入れる」のと同じぐらい
「自分の強みを受け入れる」のは勇気がいる。
他人になろうとするのをやめて
『自分は自分にしかなれない』のを
認めた上で戦略を考えるとうまくいきやすい。

執着を手放して
理解できるもの

人間は「自分が見たいようにしか見ない」
って癖があるせいで、執着が強いうちは
本質を正しく把握できない場合が多い。
どうでもよくなって初めて理解できるものもある。

自分の目的を
思い出すための
質問

「それは（家族・知人・世の中に対する）
面目を保つためだけにやってることか？」ってのは
良い「問い」だな。
何かをやる第一の理由がこれである場合は
黄色信号だと気をつけたい。

弱みは強み

弱みは「応援しがい」と表裏一体。
完璧だと手を差し伸べる余地がない。
弱みが見えてると介在しやすく応援されやすい。
弱みは強みにもなり得る。

本当に
自分らしいことの
探し方

自分らしくないことも
食わず嫌いせず試してみることで、
本当に自分らしいことが何なのか
確信が持てるようになる。
遠回りしてるように感じたり、
周りから迷走してると言われても気にしなくていい。
最短ルートを探してる訳ではなく、
自分にとって最適なルートを探してるので
時間をかけても構わないはず。

焦燥感と劣等感は
成長しているサイン

経験則上、
焦燥感や劣等感を抱いてる時は
かけ上がってる最中で、
優越感や他人への見下しが出る時は
転げ堕ちてる最中。
内面がどこに向いてるかを表してる。
調子こかないためには
「自分よりはるかに優れた存在の近くにいること」
が大事な気がする。

自分がつまらない
人間になっていないか
把握する方法

「何か面白いことはないかなぁ」と思ってる時は
自分がつまんない人間になってる時だし、
「変化が速すぎてついていけん」と焦ってる時は
素晴らしい環境にいる時だなと振り返って思う。
あと、他人の噂話や愚痴で盛り上がる人が
周囲に増えたら衰退のサインなので、
早めに環境を変えるようにしてる。

大事なテーマを
先送りしない

自分の中の「大事なテーマ」に
正面から向き合って解決しない限り
「次のテーマ」にも本気で取り組めない。
向き合わずに誤魔化してると、
そこで成長が止まってしまう。

他人の失敗を
笑う損失

他人の失敗を笑うと自分も失敗しにくくなり、
挑戦の回数が減ってしまうのが本当の損失。
他人に「百発百中の完璧な成功」を求めると、
自分にも跳ね返ってきて身動きが取れなくなる。

第 2 章 変わる勇気

セルフイメージの「賞味期限」

セルフイメージにも「賞味期限」があって、
周りが変わっていってるのに
自分だけ同じ自己像を持ち続けてると苦労する。
「強み」や「得意」も
環境が変われば成り立たなくなる。
数年に一度は「更新」作業をするようにしてる。

「絶対やらないこと
リスト」を
あえて実行してみる

「今までの自分なら絶対やらないことリスト」
を作って実行していくと視野が広がる。
積み上がった「偏見」が
行動に制限をかけてくるが、
普段と真逆の行動を取ることで
凝り固まった心がほぐれる。
あとシンプルに楽しい。

質問しまくる人こそ
成長する

急成長する人は、
先に成果を出した人に会った時に
「質問しまくる」ので見分けがつく。
普通は恐縮したり嫉妬したり
虚勢をはったりするけど、
急成長する人はプライドより
成長欲が勝るので聞きまくる。
知識を短期間で手に入れ、
先人達に顔も覚えてもらえるから、
階段を3段飛ばしで登ってるみたいだ。

慣れない環境で「感情」の出番を増やす

人間は時間が経つと
自分の暮らす環境に「最適化しすぎる」ので、
最小の労力でコスパ良く生きようとして
機械みたいになりがち。
慣れない環境に移ることで自分に負荷をかけて
「感情」の出番を増やすと
日常を楽しめるようになる。

変化に強いのは
ズレている人

好調なのは
今の環境にうまくハマってるだけなのに、
自分の能力のおかげだと勘違いすると痛い目にあう。
そして環境はコロコロ変わるので、
常に「少しズレてる」ほうが変化に強い。

孤独は
ボーナスタイム

孤独は変化のための「ボーナスタイム」
と捉えると良い。
人間は他人に囲まれてる時は
評価が気になって大きく変われない。
誰に何を思われるか気にしなくていい時期は、
自分を変えるには最高の時間。

関わりたい人と
関わるために

退屈なことをしてるのに
面白い人に会おうとするのは無理があるし、
サボってきたのに
鍛錬してきた人と並ぼうとするのも無理がある。
関わりたい人と関わるためには
自分の活動を見直すのが近道。

身を置く場所を
間違えるな

「一生懸命がんばるのがバカバカしい」
と感じてるならば、
身を置く場所を間違えてる証拠。
同じ熱量で取り組めないことほど不幸なことはない。

勉強で
悪い流れを
断ち切る

悪い流れを断ち切りたい時は
「勉強する」のがおすすめ。
知らないことを知ると謙虚になれるし、
新しく得た知識を活かしたいと感じるようになる。
自然と気持ちが切り替わる。

持たざる者の活路

才能が豊かで何でもできることよりも、
自分には何ができて何ができないのかを
正しく把握した上で、
独自のスタイルを確立できる人のほうが
結果的に強いんだよな。
複数ある選択肢を捨てて、絞り込むこと、
その他を諦められることも強みだと思う。
持たざる者は増やすことではなく
捨てることに活路がある。

興味はあるけど
恐いと思っている
ことを優先する

「興味あるけど恐いと思ってること」に
本気で取り組むと人生は次のステージに進める。
「憧れ」や「恐れ」をごまかして向き合わないと、
消化されずに残る。消化不良が続くと
新しいものを取り入れられなくなり、成長も止まる。

自分への期待値を捨て去る

幸福や不幸は
脳からすると期待値との差異を指すので、
テキトウなところで
自分自身の期待値を上げてる要因を捨てると、
また色々なことをゼロから
学んだり楽しめたりするようになる。
期待値のベースを上げてるのは、
過去に他人との競争で勝ち得た
プライドのようなものであることが多い。

できる人に近づくと
できる人になっていく

能力は周りにいる人にひっぱられるので、

レベルアップしたい時は

「優秀な人たちのなかにまぎれこむ」のがベスト。

入ってくる情報が変わるし、

自分のザコさも認識できるので、

強制的に鍛え上げられる。

できる人に近づくとできる人になってくし、

できない人の側にいるとできない人になってく。

情熱という強み

「頭が良い」や「仕事ができる」
といった強みがAIに取って代わられる時代では
「情熱がある」って強みになるだろうな。
全員が合理的な選択しかできない中で
非合理な選択ができるようになり、
それがユニークさに繋がる。

長期でうまくいく
ためのコツ

長期でうまくいってる人は共通点が多い。

・常に新しいことを「勉強」してる。
・語るよりも「聴く」ほうが得意。
・自分を「律する」のがうまい。
・常に何かに「挑戦」してる。
・他人への「敬意」がある。

逆に短期で一発当てた人は割とバラバラで
共通点が少ない。ほぼランダムのように見える。

続けられることの
３つのポイント

結局は

①好きで②得意で③需要がある

の三つを同時に満たすこと以外は続けられないし、

価値も発揮できないもんだな。

それが見つかれば後は

脇目も振らずその領域を深掘りし続けるだけで良い。

「正しいか」より
「熱中できるか」を
最優先する

「正しさ」は時代や環境によって
コロコロと掌を返す調子のいい奴なので、
迷ったら「正しいか」ではなくて
「熱中できるか」を優先してる。
周りから押し付けられた「正しさ」を信じて
裏切られたら絶望しか残らないけど、
「熱中」はそれ自体が快楽なので
仮に報われなくてもエンタメとして楽しめる。

過小評価の効能

自己評価が低いことは良くない
みたいな雰囲気があるけど、
実力がないのに自己評価だけ高いほうが深刻だし
周りへの実害も大きいと思う。
自分を過小評価してるほうが
慢心が少ないから努力も怠らない。
外から見るとあり得ない深さまで
何かを追求する人たちの自己評価は
他者評価より相対的に低い気がする。

自分より優秀な若手に学ぶ

停滞感を覚えたら
自分より優秀な若手に頭を下げて学ぶと良い。
勘違いしてた自己評価が修正され、
世界が変わってるのを感じられる。
「淘汰」と「変化」を実感できると
躍動感が戻ってくる。

透明人間になるな

嫌われることよりも
「透明人間化」することのほうが深刻。
誰からも時間や注意を割く対象だと見られなくなると
「存在しない者」として透明化する。
チャンスも振られなくなり
情報も入ってこなくなるので、挽回が難しくなる。

未来を楽しむコツ

新しいことを学ぶのを止めると
日常は途端に色褪せてしまうよなぁ。
大人になると人生がつまらなくなるのではなく、
つまらない人間になると
人生に退屈してしまうのかも。
成功や勝利をゴールとせず（上には上がいるので）、
学ぶことを止めず、変わることをためらわないのが
未来を楽しむコツだと思う。

「改善」を
歯磨きのように
習慣化する

少し前に進んだと嬉しくなると、
次の大きな課題が見つかり
また絶望することの繰り返し。
ただ、改善を歯磨きのように習慣化して、
成果は「おまけ」だと考えるようにすると
長く続けられる。
逆に、周りと比較して優劣を気にし始めると、
軸が自分ではなく他人に切り替わるので
途端に続かなくなる。

聞くべき立場の人
ほど話したがる

学ぶべき立場の人ほど教えたがり、
教えるべき立場の人ほど学びたがる。
聞くべき立場の人ほど話したがり、
話すべき立場の人ほど聞きたがるのは面白い現象。
能力が低いほど自分を過大評価し、
能力が高いほど自分を過小評価することから
来るのだろうな。

世の中を
どう見るかに
「自分」が映る

面白い人は何を見ても面白いことを発見し、
つまらない人は何を見ても退屈し、
ネガティブな人は何を見ても不平不満を感じる。
その人の「世の中への感想」が、
その人がどんな人物であるかの
「自己紹介」なのだろうな。

正しい努力

間違った方向に努力してる時は
絶対に前に進めないが、
正しい方向に努力してる時は勝手に前に進む。
現実世界には「最適化」のアルゴリズムが
実装されてるので、
世界から返ってくる反応は全てヒント。

チャンスの窓に飛び込め

082-111

3

チャンスに
育ててもらう

自力で成長するよりも
チャンスに育ててもらったほうが効率が良いので、
大きな波が来たと感じたら
思い切って飛び込んでみる。
期待と不安が半々で混じるので、
そのタイミングは分かりやすい。

バカの前に
チャンスの窓は開く

大きな波をつかんだときは
「バカ」になれるかが大切。
この時期は展開が速すぎて計画は役に立たず、
フットワークの軽さで勝負が決まる。
躊躇してると「チャンスの窓」が閉じてしまうので、
考えすぎないほうがリターンが大きい。

時間の
ポートフォリオを
組む

人生は「運」の要素が強すぎるので、
必ず『時間のポートフォリオ』を組むようにしてる。
80%の時間を「他人に説明して納得してもらえる
活動」に使い、
20%の時間を「他人には納得してもらえないけど
自分は可能性を感じる活動」に使う。
結果だけ見れば「説明不能な20%の活動」に
いつも助けられてる。

無知な人には永遠にチャンスがある

思考がくたびれてくると、なんでも既存のものとの
比較や類推で考えるようになっていき
「過去にあったアレと同じ」
「昔うまく行かなかったから今回もダメ」
みたいな議論になりがち。
時代背景が変われば違うものであるという点が
抜け落ちるのが経験の罠。
それゆえ無知な人には永遠にチャンスがある。

第 3 章　チャンスの窓に飛び込め

086

どん底まで
下がりきると
勝手に上がる

現実世界の「ゲームバランス」はよくできていて、
調子が上がりすぎてる時は
下げる圧力が溜まってるし、
どん底まで下がりきると勝手に上がってく。
些細な「調整イベント」を見逃さないの大事。

本当に失うのを
恐れているのは
何か

人は小さなプライドを守るために
膨大なチャンスを逃してしまうことが多い。
自分が本当は何を失うのを恐れているのかは、
実はかなり意識してないと分からないもの。

「確実に
うまくいきそうな
もの」の罠

ベテランになると「確実にうまくいきそうなもの」
にしか手を出さなくなるけど、
確実にうまくいきそうに見える時点で
チャンスはないって罠にひっかかりがち。
「分からないもの」に飛び込める時期のほうが
かえって良い仕事ができたりする。

競争ではなく
創造に振り切れ

「競争」に忙しくなると
横を見ながら走るから遅くなるけど
「創造」に振り切ると前しか見なくなるから
速く走れる。
目の前のことに没頭してると充実感もあるから
良いことずくめだ。

不利な状況を
自分の力に変える
には

うまくいく人を見てると自分が置かれた状況を
「道具」として使いこなすのが上手い。
不利な状況すら反転させて自分の力に変える。
道具なので不平不満をぶつける対象と思ってない。

やる気格差

最近「やる気格差」みたいなの実感する。
サボる人は無限にサボれるようになって、
やる気ある人は自分で調べて勝手に
どんどん前に進む。コスパ考えて、
やる気ある人はやる気ない人に
関わらないようになった。
結果的にあらゆる点で両者の格差が
エグいことになってきてる。

恥をかけなく
なったら終わり

適度に「恥をかけてるか」は大事。
恥ずかしい思いをしなくなるのは
居心地の良い場所に留まってる証拠で、
人生が「縮小均衡」に向かうサイン。
空っぽになると恥もかけなくなる。

思考力を
何に投資するか

人が思考力と集中力を駆使して
一日に意思決定できる回数には限りがあるから、
その「チケット」を何に使うかは大事だな。
意識的に他の一切のことは忘れてその思考だけに
集中するので、人生の優先順位が自ずと決まる。
思考力もお金みたいに何に投資するかで
その後が決まる有限なリソース。

良い流れ・
悪い流れ

「良い流れを摑むキッカケとなった出来事」を
整理してみるのオススメ。
良い流れは「未来を向いて動き回ってる人達」との
縁から来てて、
悪い流れは「過去を向いて止まってる人達」との
縁から来てるのが可視化される。

白い目で
見られているうちが
チャンス

新しいことを始める時の初期の
「白い目で見られる期間」はとても大事だ。
人脈や流行など外の力は活用できないので、
製品や技術など土台となる本質のみに
集中できる期間。
祭が始まってから急いで土台を作り始めても
間に合わないから、
この静かな時間に準備を終わらせておけば、
後は踊りに集中できる。

停滞感を
追い払うリスト

「停滞感」が気になるときは

「やめたいこと・続けたいこと・始めたいこと」の

リストを作る。

あとは1つやめたら1つ始めるを繰り返していくと

「躍動感」が戻ってくる。

競争力の本質

競争力って「自分の上位互換と
競わなくてよい場所を見つける力」と思う。
自然界の棲み分けと同じで、
強い奴がいない場所を探して適応する能力。
「優れてるか」を決めるのは環境なので、
競わなくていい環境を見つけるのが大事。

次のステージへ
進むための「諦め」

諦めることは「逃げ」ってイメージが強いけど、
諦めないことで「前に進まなくていい」という安定を
手にしていたに過ぎないってのもまた真理だよな。
思考停止が許される免罪符。
状況によっては現実を受け入れて
次に進むことが「攻め」の場合もあるとは思う。

凡人に
奇跡は起きない

特別な才能があるわけでもないのなら、
何事もイージーな展開など存在しないってことを
当事者がどこまで本気で認識しているかがカギ
（20年も生きてれば特別かどうかはすぐわかるはず）。
たまに信じられない成果が出ることがあっても、
それは粘ってあがき続けて本当にたまにだけ。

第 3 章　チャンスの窓に飛び込め

最後まで残れば
勝てる

競争って「ライバルを叩き潰す」よりも、
周りが勝手に脱落していく中で、
淡々とやり続けて「最後まで残ってただけ」
ってほうが多い。
他人に勝つより「自分を律する」ほうが難しい。

勢いに
巻き込まれろ

「勢い」をつけるには
勢いのある場所に行くに尽きる。
勢いは「危機感」と「チャンス」が
混ざったときに生まれる。
自家発電だけに頼らず、
周りの勢いを取り込むのも大事。

「作業」で
忙しくなっては
いけない

もし頭を使わない「作業」に忙しいなら
危機感を持つようにしてる。
将来的に自動化されて
消える仕事をしてることになる。
「思考」や「創造」に多くの時間を割けるように
時間配分を見直す。
「仕事した気分になれる仕事」は達成感あるけど、
見直してみると
未来にも成果にも繋がってないことが多い。

助けてもらえる人

安定にあぐらをかいて
未来への投資をしてこなかったのに、
ピンチになってから「助けてくれ」と言われても
サポートする気にはなれないよな。
手を差し伸べてもらえるのは
常に「自己変革」を続けてきた人だけに思う。
周りの人は見てないようでちゃんと見てる。

意思決定は
「部外者意識」で

意思決定をするときは
「部外者意識」を持つようにしてる。
「当事者意識」が強すぎると、
感情と利害が入り混じっておかしな判断になりがち。
「全く無関係の第三者だったらどうするか」
を考えると、それが正解なことが多い。

知識のバイアス

自分が理解できないものは
胡散臭いネガティブなものとして認識しがち。
ネガティブに感じるから
よく調べたり理解しようともしない。
結果的に世の中に普及した時に
対応が遅れて取り残される。
歳を重ね知識が豊富になるほど
バイアスに縛られる。
常に中立にものを見れるかどうかは
変化が激しいときは大事。

自分ができない
からといって

自分ができないからといって
他人もできないと考える誤解。
それほど世界が愚かならば、
その人は既に世の中で特別な人物になってるはず。
そうなってないなら自身を疑ったほうがいい。

お金の暗示に
かかってはいけない

「お金が儲かるか？」「リターンがあるか？」
のみが唯一の価値であるという暗示に
一度かかると外すのが難しい。
それ以外の価値が見えなくなり、
可視化されたお金の多寡で全ての物事を
判断するようになる。

衰退に至る道のり

「衰退」のパターンを調べていくと
古今東西ずっと変わってないの面白い。
②で気付ければ幸運で、
④まで行くとほぼ「詰み」になると。

①小さな成功からの慢心
②好奇心と学習意欲の低下
③迫る危機が察知できなくなる
④焦って一発逆転を狙う
⑤没落して再起不能

不条理は
進化の材料

今の世界に不満のある人は

次の世界を作る資格者である可能性が高いので、

不条理も悪いことばかりではない。

進化の材料。

物議を醸している
うちが華

クソみたいに罵られて物議を醸してるうちが華、
誰からも批判されることなく褒められ始めたら
隠居の手前。

成功者は
失敗のプロ

すごい人って「成功確率が高い」のではなく
「試行回数が多い」だけなんだが、
誤解されやすい。
うまくいかなかった挑戦は見えなくなり、
うまくいった挑戦だけスポットライトが当たる。
結果的に百発百中で成功した人のように映る。
実際は『失敗のプロ』だと思う。

メンタルは目にするもので出来ている

112-149

4

精神を整えるには
空間から

脳は「空間」と「精神」を混同しがち。
部屋が片付いてると心が整理されて、
天井が高いと心に余裕ができ、
物を捨てると執着が消える。
精神は物理世界を真似るので、
場所や行動で気分を変えられる。

「未完了なタスク」が
エネルギーを奪う

「未完了なタスク」を放置してると
気づかないうちにエネルギーを奪われていき、
勢いを失ってしまう。
起動したまま使ってないアプリみたいなもの。
一気に片付けるとメモリが解放されて
心が異様に軽くなる。

デジタルどっぷりでも心のバランスを保つためにやってるルーティン

①心の可視化
毎日の充実度を★5段階で評価し理由を3つ書く。

②行動の改善
週末に振り返り★5の日の行動を増やし★1の日の行動を減らす努力をする。

③デトックス
毎日1時間スマホの電源を切って何かに没頭する時間を作る。

よく寝て
「濃い時間」を
過ごす

睡眠時間が増えると学習意欲が爆上がりする。
新しいことを学ぶコツが「よく寝る」なのは
面白い。

最強のヒット戦略

過去の科学者・芸術家・発明家が
「大量の凡作」を生み出した時期と
「希少な名作」を生み出した時期は
重なってるの面白い。
「作りまくっていた時期に一つがヒットした」
が実態。
「多くのアイディアを生み出す」が
シンプルだけど最強の戦略だったと。

感性を
殺さないために

ある年齢までしか聞き取れない音があるように
（原因は聴力の衰え）、
ある年齢までしか楽しめないコンテンツも多い。
身体に比べて精神の消耗は見えにくく、
生産性や合理性に揉まれて
失われていく感性も多いので、
定期的に素晴らしい作品に触れて
心の「柔らかさ」を取り戻す努力がいるんだよなぁ。

未知を愛する力

人間は自分が理解できるものに好意を持つし、
理解できないものには恐怖や嫌悪感を抱く。
だからこそ、分からないものを理解することに
快楽を感じれる人は強い。
心地よい空間から他人ではなく自分の力で
抜け出して進化し続けることができる。
未知を愛する力。

アウェイで感性を研ぎ澄ます

結局は、意識や感性を研ぎ澄ますには
アウェイな環境に身を置き続ける以外に
方法はないのだろうな。

ツッコミの
余地のある
コンテンツ

人は誰かの役に立ちたい欲望よりも、
他人の間違いを指摘したいor自分の優位を示したい
欲望のほうが強いので、
ツッコミの余地を残してるコンテンツのほうが
広まりやすい。
完璧な人間よりも欠点がある人のほうが
愛されやすいのと似てるなぁ。

最も遠い人と
コラボする

コラボレーションは

自分から最も遠い人とするのが最も効果的。

似た人とばかりつるんでいると、

新しい情報や機会が得られず徐々に停滞していく。

交流関係は将来の伸び代を表すリトマス紙に近い。

意思や
アイディアを
口に出すのが大事

意思は他人に話す事で明確になる。
アイディアは口に出すことで
生き物のように独り歩きし始める。
夢を語れる相手が近くにいるのが
大事な理由も分かる。
語りえないものは実現しえない。

対面では聞き役に、SNSでは発信側に

リアルでは9割の人は自分の話がしたいが、
ネットでは9割の人はほぼ見る専門。
なので、対面では話を聞く側に回り、
SNSでは発信する側に回ると価値が出る。
人間は自分の話を真剣に聞いてくれる人に
好感を持ち、
ネットでは情報発信者にさらに情報が集まる。
一石三鳥。

「分からない人」に
こそ開いていく

「分かる奴にだけ分かれば良い」
って態度は死亡フラグ。
専門じゃない人にも伝えようとする努力をやめると
可能性は閉じていく。
似た人としか絡まなくなると
プライドは満たされるが成長は止まる。

好きなもの「以外」
を研究する

あまり好きになれない対象のことを研究すると
気付きが多い。
放っておくと自分に都合の良い情報ばかり
仕入れようとするから。

情報を「知恵」に
変えるには

何かを知った気になっても、使いこなせないならば
「知らない」にカウントしたほうが良い。
情報は自分で活用してみない限り
「知恵」にはならない。
物知りだが何もできない人を目指してはいけない。

メンタルは
目にするもので
出来ている

「肉体」は口にするものから作られ

「精神」は目にするものから作られる。

悪いものを見続けて

良いメンタルでいようとするのは、

腐ったものを食べ続けて

健康でいようとするのと同じぐらい無理がある。

1日の自由時間を
2〜5時間はつくる

「1日のうちで自由な時間が
2時間未満だとストレスを感じるが、
5時間以上だと虚しさを感じる」って調査は
分かる気がする。
自由時間は少なすぎても多すぎても
幸福度は下がるので、
毎日2〜5時間の間で調整すると良い。

体調を整えると
「いい奴」になれる

「性格」って半分ぐらいは「体調」な気がする。

不健康だとネガティブになりがちだし、

健康だとポジティブになりがち。

「嫌な奴」も実は「体調が悪いだけ」って説を

考えてた。

時間を大切にすると
メンタルが安定する

自己肯定感が低い人は
どうでもいい予定に付き合ってしまい、
時間を無駄にして自己嫌悪になりがち。
自分が本当に大事だと思ってる予定にだけ
時間を使ってるとメンタルは自然と安定する。

アイディアの
浮かぶ場所

重要なアイディアほど
漫画喫茶とかで思い浮かぶな。
日常から隔絶された空間だからか。

許すことで
前に進める

他人を「許す」と感情のメモリが解放されて
別のことを考えられるようになる。
ずっと許さないでいると
感情のメモリが占有されて前に進めなくなる。
他人を許すことは自分を救うことに近い。

エネルギーを奪う
三大要素

①しがらみ、②予定調和、③安定
の三つが揃うと人は動くエネルギーを失う。
どれも自然界にはないもの。

内面を変えるには
外見から

自分を大きく変えたい時はまっさきに
「髪型・服装・持ち物」を変えると良い。
内面は外見にひっぱられ、精神は物質を
まねたがる。

集中しすぎない

人間は特定のことに集中しすぎると、
それが「人生で最も重要なこと」かのように
錯覚してしまう癖がある。
たまに何の実用性もないことを敢えてすると、
この錯覚にハマらなくて済む。

負の感情が
教えてくれること

ネガティブな感情は

未解決の「問い」を教えてくれる。

仕組みが分かると理性で処理できるから

感情の出番は減る。

負の感情は自分が理解できてないことリスト。

想像力や
思考力の正体

想像力や思考力の正体って
ほぼ「体力」な気がする。
体が疲れてる時に頭を使っても効率が悪すぎる。
良いアイディアをひらめきたいなら、
体力を全回復するのが近道に思う。

居場所＝逃げ場
を増やす

メンタルの安定性は「どれだけの人に
支えられてるか」を表してるだけで、
その人の心の強さ・弱さとは直結しない。
人は「逃げ場」が増えるほど大胆になれるので、
居場所は増やしておいたほうが良い。

アップデートのために
心の容量をあける

自分をアップデートしたい場合、

新しい価値観に触れるのと同様に

「今までの価値観に触れない努力」も大事。

心の「容量」を確保しとかないと、

新しい価値観がダウンロードできない。

「寛容」
であるための秘訣

やりたいことをやってる時は
嫌なことも流せちゃうが、
やりたくないことをやってる時は
小さな不快にも耐えられない。
「寛容」であるための秘訣は
「やりたいことをやる」ことかも。

「なんか嫌な感じ」を無視しない

ネガティブな感情が起きるときは、
直感が「損失」を予測してるとき。
過去の経験をもとに、論理に代わって感情が
高速ジャッジしてくれてる。
「なんか嫌な感じ」は黄色信号のアラートなので、
無視しないほうが良い。

自分に「有るもの」を数える

自信を失ってるときは「無いもの」ではなくて
「有るもの」をリストアップして
ひとつずつ確認する癖を持つと良い。
自分には意外とたくさん「有る」ことが分かると、
「まだ捨てたもんじゃないな」と思えるようになる。

願望で
世界を見渡しては
いけない

この世界が自分の思った通りの形をしていなかった
としても、それにいじけていてもしょうがない。
仮に世界がくそったれな場所だったとしても、
その中でどんな役割を担うかは決めないといけない。
世界がこうあって欲しいという願望と、
実際にどのように動いているかという事実は
分けて考える必要あり。

忙しいときには
精神の使い道にも
優先順位を

やることが増えてくると時間の使い道だけではなく
精神の使い道にも優先順位をつけていく必要性が
でてくる。
あれこれ手広く考えても、深掘りできなければ
使った時間と精神が無駄になる。

調子が良いときに
仕込みをしておく

調子が良い時に大量に仕込みをしておき、
調子が悪くなったら「過去の自分」に時間差で
助けてもらうようにしてる。
調子が悪くなってから焦って動き出しても
防戦一方で身動きが取れず、
その場しのぎの対策しかできない。

それは
他人の願望
かもしれない

人間は「皆が欲しがってるけど
自分は本当は欲しくないもの」に
悩まされてるように思う。
「どうしても欲しいもの」がある時は
すぐに行動に移すので悩まない。
なかなか動き出せない時は自分ではなく
他人の願望でないか疑ってみる。

心にミュート機能を搭載しよう

必要な情報を手に入れるスキルと同じぐらい、
必要じゃない情報に触れないスキルも大事。
処理する情報から思考のパターンは作られるので、
思考を変えたいなら目に入ってくる情報を
変えるしか方法がない。
心にもミュート機能は必須。

当事者としての
イメトレ

「自分だったらどうするか？」の
シミュレーションを常にしながら
見たり聞いたり読んだりするから、
想像力と創造力を同時に鍛えられるんだろうな。

行動は嘘を
つき続けられない

人間は驚くほど自分が思った通りの人生を
生きてるように思う。
表面上の願望と本当の願望が違う場合が多いし、
本人がそれに気づいていない場合もある。
ただ、行動だけは嘘をつき続けられないため。

150-177

運は伝染する

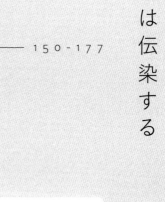

一歩引く視点

トラブルは「気を抜きすぎてる時」と
「気を張りすぎてる時」に起きる。
どちらも視野が狭くなってる時。
周りが前のめりの時は自分は一歩引き、
自分が前のめりの時は
一歩引いてる人をそばに置く。

善意の容量

仲良くない人からの

「お願いごと・相談ごと・無礼なこと」は、

善意から一度でも許してしまうと

次回から当然の権利として

要求されるようになるから慎重に。

善意にも「容量」があるので、

本当に大切な人のために使うのが良い。

運は
縁が運んでくる

夢や情熱を持ってる人と
過ごす時間が増えると調子良くなってくし、
惰性で生きてる人と関わってると
調子悪くなってくのは不思議。
運は人の縁が運んでくるから、
人生は「誰と過ごすか」の選択で
8割がた決まるのだろうな。

自分に価値を
感じてくれる環境

雑に扱われてるなーと感じたら
すぐに距離を置くのが正解だと思う。
人は価値を感じてるものを粗雑には扱わないので、
何の価値も感じてない証拠。
我慢するよりも、価値を感じてくれる環境を
さっさと探したほうが良いし、
求められてない人に時間を使うのは
人生がもったいなさすぎる。

人脈や見栄は無駄

遡ってみると、自分の可能性を広げてるのは
何か新しいものを作った時のアウトプットのみで、
必要以上に人脈を広げたり好かれようとしたり
よく見せようとする小手先の工夫ってのは全て
無駄だったな。
価値あるものを創ることに集中するだけで良いって
分かったのは大きな収穫。

「他人のため」は
自分のために

他人に生きる活力を与えると

自分の生きる活力も増えるけど、

自分のためだけに生きると

やがて自分の活力は減る。

誰かの悩みを解決することに忙しいと、

自分の悩みが気にならなくなる。

他人のためのようで

自分のためでもある不思議な話。

相手の人生で
発言を判断する

他人の言ってることが正しいかは、
その人のこれまでの人生をみて
判断するのが速い。
うまくいってそうなら耳を傾け、
苦戦してそうなら疑う。
うまくいってる人は世の中のパターンを
正しく洞察できてる場合が多い。
逆に、自分がうまくいってないなら
自分の価値観を疑うのが手っ取り早い。

「線」で見てくれる人を大切に

長く付き合うべき人の見分け方は、
成果が出た時にそこに至るまでの
「プロセス」を評価してくれる人。
調子の良い悪いにかかわらず活動を
「線」として見続けてくれてる証。
逆に分かりやすい数字や称号だけ持ち上げてくる
場合は瞬間的な「点」として見てるので、
利害が一致する時のみの関係になりがち。

「信じてる」の意味

「信じてる」って言葉を口に出す時、
「自分にリターンをもたらしてくれることを信じてる」
の略な場合があるから注意。
その人が本当は何を信じてるのかは
よく見分ける必要がある。

熱量を密閉する

熱量が高い人と低い人が一緒に働いてると、
ミスをカバーしたり相談にのったりしてるうちに
熱量が平均化されて、
両方「普通の人」として評価されてるのを見る。
成功してる人は自分と同等以上の熱量を持つ人で
周りを固めることで、熱が外に逃げないように
「密閉」してる。

人間性は
「優位に立っている」
時に出る

関わってはいけない人の特徴は、

①善意でしてもらったことを次から当然の権利として
要求するタイプと、

②謙虚に接してると「舐めてもOK」と考えて傲慢な
態度を取り始めるタイプ。

人間性は「優位」な時にこそ出やすい。

周りにいる人の
平均こそが自分

周りにいる人の平均が自分であり、

1週間で深いコミュニケーションを取れるのは

せいぜい5〜7人なので、

それが「どんな人物か」で

人生の大半は決まってくるよな。

尊敬できる人 or 切磋琢磨できる人の

近くにいられれば、

自然と物事は良い方向に進んでいく。

謙虚さは保険

調子の良い時に
周りに傲慢な態度を取ると、
調子の悪い時に追い討ちとして
返ってくるんだよな。まるで時間差攻撃。
謙虚でいることは困った時の
「保険」のようなものだと思う。

誤解と甘えが
裏切りを呼ぶ

「裏切られた」と感じるときは「誤解してた」か
「甘えてた」可能性あり。勝手に期待して
相手を深く知ろうとしなかった場合か、
相手に寄りかかりすぎて見限られた場合が多い。

第 5 章　運は伝染する

「やさしい嘘」より
「きびしい真実」

「きびしい真実」は語れなくなってきて
「やさしい嘘」は語りやすくなった。
後から本当のことを知っても手遅れな選択も多い。
周りに「叱ってくれる味方」がいないと
人生が詰んでしまうリスクが高まってる。

「夢を笑わない人」
が自分の味方

夢を叶えようとする人は「夢を笑わない人」と
一緒にいるだけでも効果がある。
熱心に語り合える人が1人いるだけでがんばれるし、
笑う人が近くにいるだけで
一気に熱を冷まされてしまう。
最初ほど小さな火が消えないように
注意しないといけない。

正しい方向に
進んでいるサイン

尊敬できる人に出会うことが増えたなら
正しい方向に進んでるサインで、
どうしようもない人に出会うことが増えたなら
間違ってる方向に進んでるアラート。
けっこう当たる。

他人に
与える側でいる

「他人に何を与えられるのか?」
という視点が消えて
「他人から何がもらえるのか?」
という視点に支配されると、
未来は暗いものに変わっていくよな。
自分の価値を高めることをやめてしまい、
一発逆転ばかり狙うようになってしまう。

価値のない時間を
使った反省をする

相手から侮られたり
軽んじられたりしたことを怒るよりも、
そこに貴重な時間を使ってしまった
自分の判断を反省すべきと思う。
お互いに何の価値も感じていない時間ほど
無駄なものはない。

嫌いな人の話は
あえて肯定する

嫌いな人の話を聞くときは
内容を否定する理由を無意識に探してしまう
心理が働くので、敢えて肯定できる点を
探すようにしてる。
特に自分は好きではないが、
大きな成果を出している場合は、
自分に足りないものを
持ってる人である場合が多い。
昔から遠くの土地から得られる資源のほうが
希少価値が高い。

1割の人には
必ず嫌われる

広く活動してれば1割の人には
どうがんばっても嫌われるものなので、
心のMP（マインドポイント）はその1割の人の
評価や反応に消費させず、残りの9割の人を
満足させるために使ったほうが良い。
個人的にはMPは創造的な活動に全振りするのが
最良の使い道だと思う。

「閉所恐怖症」
であれ

狭い業界での評判や立ち位置ばかり
気にしてる人の話は萎える。
近しい人や会社の裏話やゴシップが中心だから。
目線が外ではなく内、
遠くではなく近くに向き始めたら、
その人の世界は閉じてく。
「閉所恐怖症」でいたい。

他人思考と自分思考を併せ持つ

周りが求めてるものを軸に考える他人思考と、
自分がやりたいことを軸に考える自分思考を、
同時に使える二刀流が理想。
他人思考だけだと
機械みたいになって幸福度は下がり、
自分思考だけだと独りよがりで
多くの人を巻き込むことはできない。
他人思考は経済合理性、
自分思考は心が燃料のエンジン。

最も無駄な時間

他人の話に耳を傾けて何かを知ろうとする会話と、

満たされない承認欲求を埋めるための会話は

やっぱり別物だ。

後者だと感じたら急いで席を立たないと

人生の時間の半分を失ってしまう、

実際は相手は「かかし」でも構わないのだから。

第 5 章　運は伝染する

リーダーの素質

他人の痛みに感情的に寄り添うことができ、
なおかつ構造的な欠陥を解決できる能力を
合わせ持ってる人が優れたリーダーなんだろうな。
前者だけだと的外れな打ち手が
事態をさらに悪化させるし、
後者だけだと納得できない人達の感情的な鬱屈が
解消されない。

価値の提供は
等価交換

自分が相手に
何かしらの価値を提供できない場合は、
相手に時間を取ってもらうことはできない。
面白い人ほど忙しいし、
時間ほど貴重な資源はない。
会いたい人に会う本当の近道は、
自分自身が相手にとって
価値のある存在になること。
貰うだけの一方向の関係が成り立つことは
滅多にない。

さっさと影響を
受けてしまう

ひねくれてる人も
まっすぐな人と一緒にいると素直になるし、
くたびれてる人も
勢いある人と一緒にいると活力が戻る。
自分だけでどうにかするよりも、
他人から影響を受けたほうが手っ取り早い。

覚悟を持つ

大きな代償を払ってまで
何かをやる覚悟がある人の存在が、
今の時代は希少価値が一番高いのだろうな。
誰しもがノーリスクでハイリターンを
狙っている状況だからこそ。

本書の感想をお寄せください

佐藤 航陽 Sato Katsuaki

株式会社スペースデータ代表取締役社長
1986年、福島県生まれ。早稲田大学法学部在学中の2007年にIT企業を設立し、代表取締役に就任。ビッグデータ解析やオンライン決済の事業を立ち上げ、世界8カ国に展開する。2015年に20代で東証マザーズに上場。累計100億円以上の資金調達を実施し、年商200億円規模まで成長させる。その後、2017年に宇宙開発を目的に株式会社スペースデータを創業。衛星データから地球全体のデジタルツインを自動生成するAIを開発。現在も「テクノロジーで新しい宇宙を創り出す」ことを目的に研究開発を続けている。米経済誌「Forbes」の30歳未満のアジアを代表する30人（Forbes 30 Under 30 Asia）や「日本を救う起業家ベスト10」に選出される。著書『お金2.0』が20万部を超えるベストセラーとなり、2018年のビジネス書で売上日本一を記録した。

行動する人に世界は優しい
自分の可能性を解き放つ言葉

著　者　佐藤航陽
発　行　2025年3月15日

発行者　佐藤隆信
発行所　株式会社新潮社
　　　　〒162-8711　東京都新宿区矢来町71
　　　　電話：編集部 03-3266-5611　　読者係 03-3266-5111
　　　　https://www.shinchosha.co.jp
組　版　新潮社デジタル編集支援室
印刷所　錦明印刷株式会社
製本所　大口製本印刷株式会社

乱丁・落丁本は、ご面倒ですが小社読者係宛お送りください。
送料小社負担にてお取替えいたします。

©Katsuaki Sato 2025, Printed in Japan
ISBN978-4-10-356221-4 C0030
価格はカバーに表示してあります。